CB077945

Débora Cristina S. C. Molon

O PEQUENO YOGUE

Ilustrações
Roberto Lanznaster

mantra.

Caminho Suave
edições

Olá, amiguinhos!

É fácil e divertido praticar

YOGA.

Yoga é uma palavra em
sânscrito que significa união.
Ela faz a união do corpo,
da mente e do espírito.

É uma prática muito antiga da

ÍNDIA.

As posturas de yoga surgiram
da profunda observação dos animais
e da

NATUREZA.

Você pode se espreguiçar como um gato ou ficar firme e imóvel como uma montanha. Você vai se divertir fazendo posturas bem legais.

A prática de yoga nos deixa...

...FORTES

...FLEXÍVEIS

...EQUILIBRADOS.

Com a yoga eu fico concentrado
e presente no agora. Me sinto
alegre, ____________

FELIZ.

Mas chega de conversa.
Vamos brincar de yoga!

Vamos praticar a postura da

MONTANHA.

Com os pés firmes no chão,
fico reto, firme.
Me sinto forte e sereno.

Imagino uma cadeira e
começo a sentar devagar.
Sinto coragem e boa
vontade nesta postura.

É divertido brincar de

CADEIRA.

Sento e fico com as
pernas como uma

BORBOLETA.

Fecho os olhos, bato as asas da
borboleta, e me imagino voando
calma e tranquilamente.

Me sento no chão com as perninhas esticadas, alongo minha coluna e...

...me dobro para a frente tentando pegar meus pés.

Esta é a postura da

PINÇA.

Eu imito o

GAFANHOTO.

Deito de barriguinha
para baixo e ergo minhas
pernas lá no céu.

Gosto muito de imitar a

COBRA.

Deito de barriga para baixo,
elevo minha cabeça e meu peito.

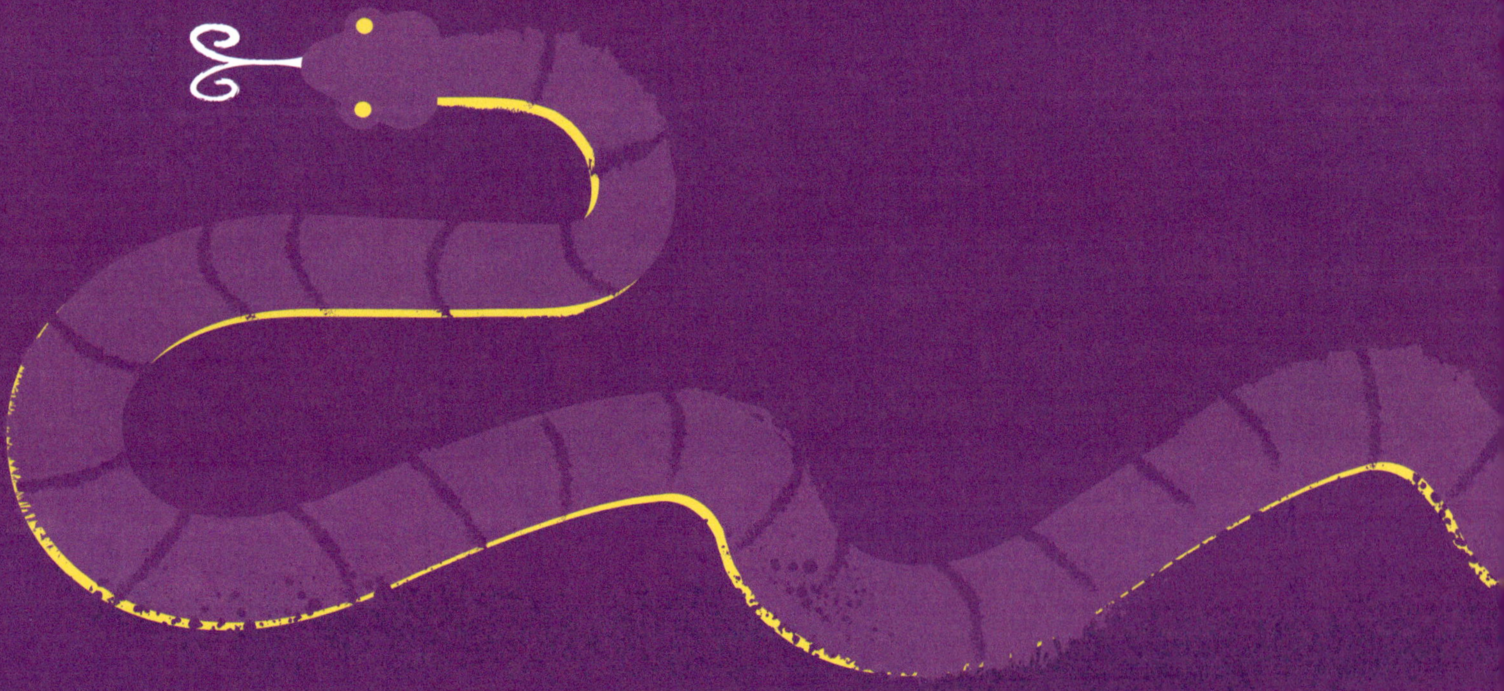

Fecho os olhos e
respiro profundamente
nesta postura.

Gosto de imitar o **ARCO.**

De barriguinha no chão,
seguro os meus pés.
Me sinto muito feliz.

Quando imito o **GATINHO...**

...olho para cima e para baixo.

E, então, eu sou um

CÃOZINHO.

Olho para cima e para baixo.

É divertido brincar de cachorro.

Deito de costas no chão
e subo como uma

PONTE.

Me sinto muito confortável
nesta postura.

Deito no chão e rolo para
um lado e para o outro igual a um

PORQUINHO.

É bastante relaxante.

Agora, ergo os braços e as pernas
e chacoalho igual a uma...

...BARATINHA TONTA.

Sento sobre minhas pernas
igual a uma

CORUJA

e fico com o olhar fixo e bem quietinho.

A coruja é muito sábia,
quero ser igual a ela.

Como é bom praticar

YOGA!

Me sinto muito bem,
feliz e tranquilo.

Existe uma prática que se chama

YOGA NIDRA.

É um momento em que aproveitamos para descansar um pouquinho.

Observamos nosso corpo.
Ele está tranquilo e relaxado.

Posso sorrir bem contente.

Brincando de yoga aprendemos
diversas maneiras de

RELAXAR.

Quando estamos tranquilos e
relaxados, vemos tudo com mais clareza. Somos capazes de fazer as coisas melhor e com mais calma, conseguimos resolver as dificuldades com serenidade.

Foi uma grande alegria brincar
e aprender com vocês.

Até a próxima.

NAMASTÊ

A AUTORA

DÉBORA CRISTINA S. C. MOLON
nasceu em Foz do Iguaçu,
em 1980.
É cirurgiã dentista,
implantodontista
e master PNL.
Praticante de yoga desde 2012,
é formada pela Escola de Yoga
Shanti Om (Joinville, SC)
e membro
da Sociedade Teosófica.

Agradeço a todos os Mestres
que passaram pela minha vida,
em especial a Malu, a Angélica e a Laura,
que me introduziram na senda
da yoga, que mudou completamente
minha maneira de viver e ver o mundo.
Agradeço ao meu marido André,
constante incentivador
de minhas buscas e dos meus sonhos,
e aos meus filhos Gabriela e Miguel,
minha inspiração para
a construção deste projeto.

GRATIDÃO

Dedico este livro aos meus filhos,
assim como a todas as crianças,
para que cresçam em graça e sabedoria,
para que possam construir um mundo mais belo,
justo e feliz para todos os seres.

Copyright desta edição © 2020 by Edipro Edições Profissionais Ltda.

Todos os direitos reservados. Nenhuma parte deste livro poderá ser reproduzida ou transmitida de qualquer forma ou por quaisquer meios, eletrônicos ou mecânicos, incluindo fotocópia, gravação ou qualquer sistema de armazenamento e recuperação de informações, sem permissão por escrito do editor.

Grafia conforme o novo Acordo Ortográfico da Língua Portuguesa.

1ª edição, 1ª reimpressão 2022.

Editores: Jair Lot Vieira e Maíra Lot Vieira Micales
Coordenação editorial: Fernanda Godoy Tarcinalli
Revisão: Denise Ravizzoni e Fernanda Godoy Tarcinalli
Projeto gráfico e capa: Lanznaster Design & Ilustração
Instagram: @lanznasterdesign
Adaptação de projeto gráfico e capa: Karine Moreto de Almeida
Ilustrações: Roberto Lanznaster – Lanznaster Design & Ilustração
Foto: Anita Campos
Impressão: Gráfica Grafilar

Dados Internacionais de Catalogação na Publicação (CIP)
(Câmara Brasileira do Livro, SP, Brasil)

Molon, Débora Cristina S. C.

O pequeno yogue / Débora Cristina S. C. Molon ; [ilustração Lanznaster Design & Ilustração]. – São Paulo : Caminho Suave Edições : Mantra, 2020.

ISBN 978-85-89987-42-4 (Caminho Suave Edições) (impresso)
ISBN 978-85-89987-43-1 (Caminho Suave Edições) (e-pub)

1. Hatha ioga - Literatura infantojuvenil 2. Literatura infantojuvenil 3. Yoga I. Lanznaster Design & Ilustração. II. Título.

20-33376 CDD-028.5

Índices para catálogo sistemático:
1. Literatura infantil : 028.5
2. Literatura infantojuvenil : 028.5

Maria Alice Ferreira – Bibliotecária – CRB-8/7964

Caminho Suave Edições
São Paulo: (11) 3107-7050 • Bauru: (14) 3234-4121
www.caminhosuave.art.br • edipro@edipro.com.br
@editoraedipro @editoraedipro